Born to
pete ta gueule
ZEP

ZEP

titeuf 3

ça épate les filles

Glénat

Du même auteur :

LE MONDE DE ZEP

Titeuf

PETITE POÉSIE DES SAISONS

Les trucs de Titeuf :

LE GUIDE DU ZIZI SEXUEL

avec Hélène Bruller

Captain Biceps

T1 : L'INVINCIBLE

T2 : LE REDOUTABLE

T3 : L'INVULNÉRABLE

T4 : L'INOXYDABLE

avec Tébo

Comment dessiner ?

avec Tébo

Les Chronokids

T1 à T3

avec Stan & Vince

Éditions Glénat

HAPPY SEX

HAPPY GIRLS

HAPPY ROCK

Éditions Delcourt

LES MINIJUSTICIERS

avec Hélène Bruller

Hachette Jeunesse

DÉCOUPÉ EN TRANCHES

Éditions du Seuil

LE PORTRAIT DESSINÉ (CATALOGUE D'EXPOSITION)

Éditions BDFil & le Mudac

www.zeporama.com

Tchô! la collec'...

Collection dirigée par J.C. CAMANO

Couvent Sainte-Cécile - 37, rue Servan - 38000 Grenoble

ISBN : 978-2-7234-8374-2
Dépôt légal : mars 2011
Achevé d'imprimer en France en mars 2011 par Pollina - L22785,
sur papier provenant de forêts gérées de manière durable.

CHACUN SON MATÉRIEL

SALE ÉPOQUE
BON... ON JOUE À QUOI ?
JE SAIS ! ON JOUE AUX AMÉRICAINS QUI VONT BOMBARDER DU RIZ SUR LES PETITS SOMALIENS !!
OUAIS.
JE FAIS LE SOMALIEN !
MAIS NAN, HUGO ! TU PEUX PÔ FAIRE LE SOMALIEN ! C'EST PÔ POSSIBLE !
POURQUOI ? C'EST NUL !!
BON... ON N'A QU'À JOUER AUX GENDARMES ET AUX VOLEURS...
D'ACCORD!
AH OUAIS ...
MOI, J'SUIS PAS D'ACCORD... C'EST TOUJOURS MOI LE VOLEUR !!
SOIS PÔ MAUVAIS JOUEUR, ALI...
EXCLU!
CHAIS PÔ, MOI... ON PEUT JOUER À JURASSIC PARK... AVEC LE TYRANNOSAURE À LA MÂCHOIRE D'ACIER ET ON DOIT LE...
PFLUS QUEFTION!
BON... BEN... HEU... ON N'A QU'À JOUER EUH À.. STARTREK
PÔV' TFYPE!
FAIS GAFFE!
... À SUPERMAN QUI VOLE...
SANS MOI !!
À...
BEN... ON PEUT JOUER ÀÀÀ
À...
À...
PFT
À...
BIP BIP
MUT MUT
GAME BOY
JE TE L'AI DÉJÀ DIT CENT FOIS : PAS-DE-GAMEBOY !
TU N'AS QU'À UTILISER TON IMAGINATION.
MAIS 'PA
GAMES

LE BAD TRIPE
?
BEN ? QU'EST-CE QUE VOUS FOUTEZ LÀ ?
CHUT.
Vente de Patisserie
C'EST UN PÉTARD ...
JE L'AI PIQUÉ À MON FRÈRE ..
T'ES CON ! C'EST VACHEMENT DANGEREUX ! C'EST DE LA DROGUE !!
C'EST PÔ DE LA DROGUE... C'EST DU SCHMIT ...
MUF
MUF
MON FRÈRE EN FUME DE TEMPS EN TEMPS... IL DIT QUE ÇA LE REND COOL ...
ÇA ... POUR ÊTRE COOL ...
ÇA SENT LES PIEDS
LÀ, JE SUIS COOOL... JE VOIS DES FEMMES À MOITIÉ À POIL.
J'VEUX ESSAYER !
'FAUT ASPIRER FORT POUR QU'ELLES SOIENT COMPLÈTEMENT À POIL ?
FAIS GAFFE AU BAD TRIPE.
SSSSNIF
KOF
J'VOIS P'US RIEN !
KOF
KOF
AAAH... ÇA APPARAÎT... J'VOIS UN MONSTRE MAIS PÔ DE NANA ...
IL EST MOCHE.
HUM.
GLP
ENCORE UNE VICTIME DE LA DROGUE !
J'LUI AVAIS DIT DE FAIRE GAFFE AU BAD TRIPE ...

PAUL VERLAINE LE RIGOLO
LES COURS DE FRANÇAIS, C'EST NUL...
...ET VOUS LE CONJUGUEZ À TOUTES LES FORMES DU SUBJONCTIF IMPARFAIT...
...JE ME DEMANDE QUI A PU INVENTER DES BÊTISES PAREILLES...
...QUE JE VOUS VISSE... QUE NOUS VOUS VISSIONS...
HEUREUSEMENT, IL Y A UN MOMENT QUI SAUVE TOUT...
AUJOURD'HUI, C'EST JEAN-CLAUDE ET RAMON QUI VONT NOUS LIRE LEURS POÉSIES...
JE RESTE ÉVEILLÉ JUSTE POUR ÇA...
"FEUILLES D'AUTOMNE" DÉ PAUL VERLAINE...
LA SANGLOT LONG DU LA VIOLONS DÉ L'AUTOMNE BLESSE MA COEUR AVÉ LA LANGUEUR IL EST MONOTONE
HA
WAF
OUAF
TOUT SOUFFOUCANT IL EST BLÊME QUAND SONNE LA HEURE DE LA JOUR IL EST ANCIENS ET JA PLEURE...
HAHAHAHA
OUAAAF
"NUAVE GRFIS" DE VACQUES PFRÉVFERT.
LE NUAVE GRFIS EST LVOURD DFANS LE FIEL...
LUI, IL M'ACHÈVE...
AU DEFFUS DE NOS TVÊTES INQUFIÈTES...
LES VARBFRES CFOULEUR MVIEL FEMBLENT DE FINI-FTRES ALLUMVETTES.
C'EST TROP!
TITEUF!
QUAND JE SERAI GRAND, JE SERAI UN ÉCRIVAIN COMIQUE COMME MONSIEUR PRÉVERT OU BIEN VERLAINE...
Z.

LES SALOPES
ALORS ?
BÔH.
ÇA A PÔ MARCHÉ...
NON ?
QU'EST-FE QU'IL Y A ?
STÉPH' EST AMOUREUX DE CATHY.
AH ?
SOUPIR
T'AS FAIT COMME ON T'AVAIT DIT ?.. TU T'ES LAVÉ LES DENTS ?
OUAIS..OUAIS J'AI MÊME MIS MON T-SHIRT NIKE...
C'EST DINGUE !
T'AURAIS DU LUI FAIRE UN CADEAU... ELLES AIMENT LES CADEAUX, LES FILLES..
AH OUAIS.. PÔ CON..
JE L'AI FAIT !
J'LUI AI PROPOSÉ DE PARTAGER MA COLLEC' DE GAMEBOYS ....
ELLE A DIT QUE ÇA L'INTERESSAIT PÔ !
QUOI !
QUELLE FALOPE !
DOMMAGE ..
EH OUI DOMMAGE ...
J'AI P'US QU'À MOURIR TOUT SEUL AVEC MES GAMEBOYS ...
BOOH
SNUF
TITEUF !! QU'EST-CE QUE TU FAIS !??

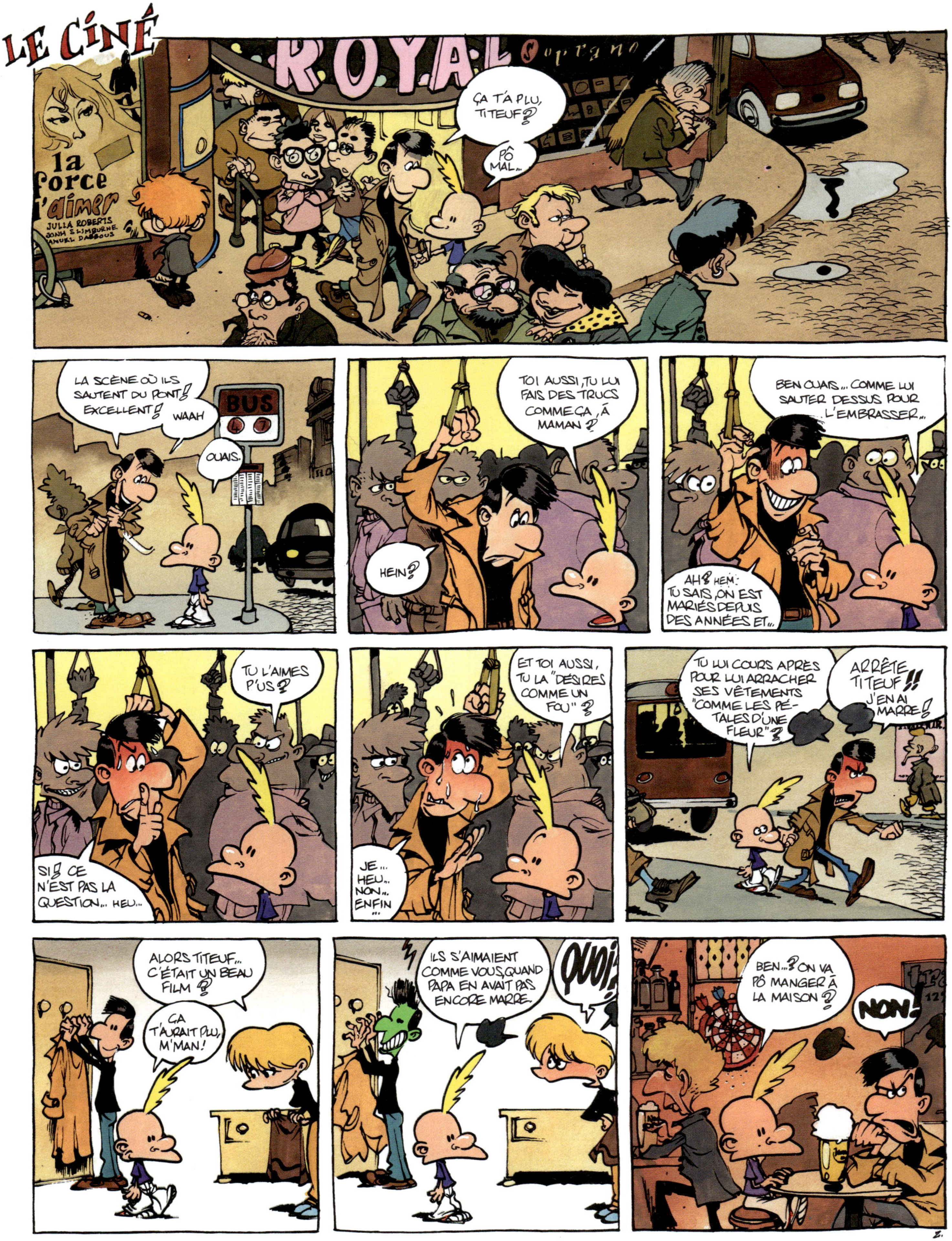
LE CINÉ
ROYAL
la force d'aimer
JULIA ROBERTS
JOHN SWIMBURNE
MANUEL DABOUS
ÇA T'A PLU, TITEUF ?
PÔ MAL...
LA SCÈNE OÙ ILS SAUTENT DU PONT ! EXCELLENT !
WAAH
OUAIS.
BUS
TOI AUSSI, TU LUI FAIS DES TRUCS COMME ÇA, À MAMAN ?
HEIN ?
BEN OUAIS... COMME LUI SAUTER DESSUS POUR L'EMBRASSER...
AH ! HEM. TU SAIS, ON EST MARIÉS DEPUIS DES ANNÉES ET...
TU L'AIMES P'US ?
SI ! CE N'EST PAS LA QUESTION... HEU...
ET TOI AUSSI, TU LA "DÉSIRES COMME UN FOU" ?
JE... HEU... NON... ENFIN...
TU LUI COURS APRÈS POUR LUI ARRACHER SES VÊTEMENTS "COMME LES PÉTALES D'UNE FLEUR" ?
ARRÊTE TITEUF !! J'EN AI MARRE !
ALORS TITEUF... C'ÉTAIT UN BEAU FILM ?
ÇA T'AURAIT PLU, M'MAN !
ILS S'AIMAIENT COMME VOUS, QUAND PAPA EN AVAIT PAS ENCORE MARRE.
QUOI !
BEN... ? ON VA PÔ MANGER À LA MAISON ?
NON !
Z.

LES MICROBES
C'EST MON COUSIN PIERROT, IL AIMERAIT JOUER AVEC NOUS ...
SALUT.
'LUT.
QU'EST-CE QU'IL A ?
IL EST MYOPATHE.
AAAAH BOON ...
J'AI CRU QU'IL ÉTAIT HANDICAPÉ.
WAAAH ! T'ES NUL ! "MYOPATHE" C'EST HANDICAPÉ ! D'ABORD, T'ES EN CHAISE ROULANTE PIS APRÈS TU VAS À LA TÉLÉ !
AH OUAIS ? BEN TOI AUSSI T'ES MYOPE... ALORS VAS-Y À LA TÉLÉ !
ET HEUU... C'EST PÔ CONTAGIEUX ?
AUCUN RISQUE... C'EST CONGÉNITAL !
OUAIS BEN RESTE POLI
ON N'A QU'À JOUER AUX "DALTON" ! COMME ÇA, PIERROT FAIT LA DILIGENCE !
OUAIS !
GÉNIAL !
HAUT LES MAINS ! ... OU ON VOUS PLOMBE !
PFIUUW
PFIUWW
VOUS NOUS AUREZ PÔ !
ON VEND CHÈREMENT NOT' PEAU !
PANG
PFIUW
MONTE ! ON LES SÈME !
HA!HA
HÉ ! ATTENDEZ !
PFF
HA! HA! ON LES A EUS !
AAAA
BEN... ? QU'EST-CE QU'ILS FOUTENT ?!
BUNK
CRASH
J'L'AVAIS DIT QUE C'ÉTAIT CONTAGIEUX.

SUR LA ROUTE
P'PA... J'AI BESOIN ...
MH.
PENSE À AUTRE CHOSE, ON EST BIENTÔT ARRIVÉS.
IL PARAÎT QUE, SI ON SE RETIENT TROP LONGTEMPS, LE NIVEAU MONTE ET ON A LE CERVEAU NOYÉ DANS LE ...
C'EST BON ! ON S'ARRÊTE ... ALLEZ HOP !
EH BIEN VAS-Y MAINTENANT ! QU'EST-CE QUE TU ATTENDS ?
AVEC TOUTES CES VOITURES QUI PEUVENT ME VOIR....
... J'PEUX PÔ
ALORS VA DANS LES BUISSONS... DÉPÊCHE-TOI !!
MAIS.... SI Y'A UN LOUP.... J'OSE PÔ...
BON ! JE T'ACCOMPAGNE .... ASSEZ PERDU DE TEMPS !!
CLAC
VROOOOOO
LA VOITURE !
HEU.... ON SE SENT PLUS LÉGER APRÈS...

SUR LA ROUTE 2
Galleries BROS
C'EST VOUS QUI VOUS ÊTES FAIT VOLER VOTRE VOITURE ?
OUI.
POLICE
C'ÉTAIT QUOI, VOTRE VOITURE ?
UNE ROUGE !!
VOUS ALLEZ METTRE UNE SIRÈNE POUR ATTRAPER LES BANDITS ?
COMME STARSKY ET HUTCH ?...
ON NE PEUT PAS ARRÊTER TOUTES LES VOITURES ROUGES...
ET PUIS, TU SAIS, À L'HEURE QU'IL EST, ELLE EST PEUT-ÊTRE DÉJÀ REPEINTE EN BLEU...
AH ?
ALORS, VOUS ALLEZ METTRE DES AFFICHES "WANTED" !?
POUR L'INSTANT, ON VA FAIRE UNE DÉPOSITION.
ATTENDS-NOUS LÀ, TITEUF...
POLICE
OUBLIEZ PÔ LES MENOTTES !
VOILÀ... ON VA VOUS RACCOMPAGNER CHEZ VOUS...
J'AI GRATTÉ TOUTES LES VOITURES BLEUES, MONSIEUR LE POLICIER...
Y'EN A PÔ UNE QU'EST ROUGE DESSOUS !
BEN... Y NOUS RAMÈNENT PÔ ?

MANOLO
BOÑOUR LA Z'ENFANTS.
B'JOUR.
IL EST SYMPA, MANOLO.. MAIS .. T'AS VU COMME IL EST POILU ?
C'EST PARCE QU'IL A LES HORMONES
LES ZORMONES ? ...
C'EST QUOI ?
UNE MALADIE ? SI TU L'AS, T'AS DES POILS PARTOUT !
T'EN AS DANS LES OREILLES ...
COMME TA GRAND'MÈRE ?
OUAIS, MAIS AUSSI DANS LE NEZ, DANS LE DOS, DANS ...
C'EST DES CONNERIES !
C'EST PÔ DES CONNERIES !! MÊME QU'A LA FIN TU DEVIENS UN SINGE !
TOUT LE MONDE SAIT ÇA !! LES HORMONES, ÇA PARDONNE PÔ !
GLP.
BOÑOUR LA Z'ENFANTS !
CO.. COMMENT IL VA AUJOURD'HUI, M'SIEUR MANOLO ?
MANOLO ? AH ! IL EST PAS LÀ ... IL EST MALADE ...
?
Z'AVEZ PÔ L'DROIT DE FAIRE ÇA À MANOLOO ?
?
ZOO
Z.

PAPA EST UN BLAIREAU
PAPA ?
TU COMPTES TE MARIER COMBIEN DE FOIS ?
BEN... UNE FOIS...
AH ?.. BON MERCI.
PAPA ?
TU ROULES DES FOIS À CONTRESENS SUR L'AUTOROUTE ?
À CONTR... ? NON JAMAIS !
?
"JAMAIS" BON...
EUH... PAPA ?
QUOI ENCORE !?
T'AS JAMAIS NON PLUS DÉCOUPÉ DE CONCIERGE EN MORCEAUX ?
AH ? NON DÉSOLÉ ...
ET... EUH... TU PENSES PÔ NON PLUS DÉTOURNER UN .. AVION ??
NON ! JE NE PENSE PAS DÉTOURNER D'AVION ! ET MAINTENANT, LAISSE-MOI CLASSER MES TIMBRES !!!
BEN... ON EST PÔ PRÊT DE PARLER DE NOUS DANS LES JOURNAUX...
'VIDEMMENT... SI NOS PARENTS FONT AUCUN EFFORT...
La NOUVELLE
Il prend l'autoroute à contresens avec ses enfants.
IL DÉTOURNE LE CONCORDE
Le JOUR
IL SE MARIE UNE 17e FOIS
LE TÉMOIGNAGE CHOC DES ENFANTS
P. 16
ici SCOOP
Il découpe la concierge en morceaux
NOS PHOTOS EXCLUSIVES !!!

LA VOIE LACTÉE
ÇA Y'EST ! IL EST LIBRE !
HÉ ! C'EST À NOUS.. ON S'ÉTAIT INSCRITS POUR LE CARROUSEL !
ON ÉTAIT LÀ AVANT !
PIS D'ABORD, C'EST PÔ UN CARROUSEL, C'EST UNE MACHINE À VOYAGER DANS LE TEMPS !
ET TOC.
DESCENDEZ TOUT'SUITE !
ON DESCENDRA DANS LE FUTUR, BANDE DE NAZES !
ALLEZ CIAOOOOO
OUAAAAA
DE PLUS EN PLUS VITE ! ON VA ENTRER DANS L'HYPERESPACE !
'FAUT TENIR LE COUP ! ON VA ATTEINDRE L'AN 3000 !!
BEUK... J'ME SENS PAS BIEN... JE VAIS VO...
MMLLEURGH
HORREUR ! EN L'AN 3000 LES HOMMES VERTS ONT ENVAHI LA PLANÈTE !!
Z.

LE CALCUL
WAAAAH
?
C'EST CLAUDIA SCHIFFER... ELLE EST SUPER BIEN !
QUAND J'SERAI GRAND, JE ME MARIERAI AVEC.
T'ES NUL.. C'EST PÔ POSSIB' ...
POURQUOI ?
BEN... QUAND T'AURAS L'ÂGE, ELLE SERA DÉJÀ GRAND'MÈRE ...
C'EST PÔ VRAI !!
T'AS QU'À COMPTER... ELLE A QUEL ÂGE ?
HEU... 25 ! MAIS C'EST TOUT DES CONNERIES !
25 ANS... HEUU QUAND T'AURAS VINGT... ÇA FAIT DANS.. HEU.. BEN ELLE AURA PAS LOIN DE 40 ANS...
C'EST DES CONNERIES !
J'AI COMPTÉ, MOI... ELLE AURA À PEINE 30 ANS...
C'EST PÔ POSSIB'
DANS ONZE ANS, J'AURAI L'ÂGE... ÇA FAIT EN 2005... DONC 25 MOINS 2005 PLUS 8 ANS MULTIPLIÉS PAR LES ONZE ANS QUI MANQUENT, ÇA FAIT 29,91 ... J'AI ESSAYÉ !
C'EST TOUT FAUX.
T'ES QU'UN JALOUX ! JE ME MARIERAI AVEC !!
TOC !
HA HA
PFFT
'TOUTES FAÇONS ELLE VOUDRA JAMAIS T'ÉPOUSER...
T'ES TROP NUL EN MATHS !!

MAUVAIS CARNET
CLIFFHANGER
B'JOUR !
BONJOUR TITEU
ALORS ?... JE L'AURAI BIENTÔT LE PETIT FRÈRE QU'ON A PARLÉ, HIER SOIR ?
ÇA...
POUR ÇA... IL FAUDRAIT QUE TA MÈRE SOIT UN PEU UN PEU MOINS DISSIPÉE AVEC SES MIGRAINES...
QUOI?
IL FAUDRAIT AUSSI QUE MONSIEUR APPRENNE À ÊTRE ATTENTIF À MOI ....
MOI ?!
ÇA SERAIT PLUS FACILE SI TU APPRENAIS AUSSI À T'EXPRIMER MIEUX ! ÇA FAIT DIX JOURS QUE T-
DIX JOURS !?!
DIX JOURS !?! HA ! TU DEVRAIS RÉVISER TON CALCUL... ÇA FAIT À PEINE SIX JOURS QUE NOUS NE....
ÇA M'ÉTONNERAIT !!
ET TON PETIT FRÈRE ?
C'EST PÔ POUR TOUT DE SUITE... 'FAUT D'ABORD QUE MES PARENTS RETOURNENT À L'ÉCOLE...
Z.

MAGIC TITEUF

LE RENDEZ VOUS
Je t'invite samedi à 2 heures aux autos tamponneuses titeuf
SCRI SCRI
PSST, MANU, TU FAIS PASSER ÇA À NADIA ...
TIENS, FAIS PASSER ÇA À NADIA.
HÉ! FAUT PÔ LIRE, C'EST SECRET!
TIENS..'FAUT PAS LIRE, C'EST SECRET.
FAITES PASSER À NADIA!
C'EST SYMPA.
FAIS VOIR..
C'EST DE LA PART DE TITEUF..'FAUT FAIRE PASSER ...
MHH
FÉST UN FECRET POUR NADVIA J'V'CROIS
...'TOUTES FAÇONS, SAMEDI J'AI UN MATCH ...
ÇA SUFFIT AVEC CE PAPIER!!! AMENEZ-LE MOI!
POUSSEZ PAS!
T'ES SUR MON OREILLE!
HÉ! MA PLACE!
C'EST COOL D'ÊTRE VENUE ...NADIA.
DOMMAGE QUE TITEUF SOIT PUNI ...
À FORCE DE DÉRANGER LA CLASSE
CHEZ frites
CRUISER

LA CRISE
ÇA VA PAS FORT... LE PATRON A LAISSÉ ENTENDRE QU'IL ALLAIT SUPPRIMER DES POSTES...
ANNULE NOTRE SOIRÉE... IL FAUT QUE J'AILLE ME COUCHER TÔT... C'EST PAS LE MOMENT DE RATER LE RÉVEIL !
SINON... CHÔMAGE !
BUNT
HÉ ! MON PAPA IL EST BIENTOT AU CHÔMAGE COMME LE TIEN ! IL SERA TOUS LES JOURS À LA MAISON... ÇA VA ÊTRE COOL !
BÔF.
QUOI "BÔF" ?
RÉJOUIS-TOI PÔ TROP ...
DEPUIS QUE LE MIEN EST AU CHÔMAGE, IL M'ACHÈTE PLUS DE JOUETS... ET ON VA PLUS AU CINÉ ...
... IL A MÊME ANNULÉ NOS VACANCES À EURODISNEY !
POC
POUR SEPT FRANCS ET UN MALABAR QU'EST-CE QUE JE PEUX AVOIR COMME RÉVEIL ULTRA-PERFORMANT ?
2.

LES COWBOYS
BON.. ON VA ATTAQUER LES INDIENS...? ... OU QUOI ?
ATTENDS... UN COWBOY A BESOIN DE SE DONNER DU COURAGE ...
BWAK!
UNE CIGARETTE !
OUAIP ! POUR LES VRAIS MECS DU FAR OUAISTE !
C'EST DÉGUEULASSE ! T'AURAS LE CANCER DU SIDA PIS LES DENTS JAUNES !
WAF WAF !
C'EST DES CONNERIES POUR LES FILLES ... ALLEZ ! À L'ATTAQUE !
BUÊÊÊÊ
LES VRAIS MECS DU FAR OUAISTE GOUDRONNÉ, OUAIS ...
PUCH..
SSSSMMMMFFF
QU'EST-CE QU'IL FOUT, TITEUF ?!! ON VA SE FAIRE MASSACRER !!
J'VAIS VOIR.
WOULOU WOULOU
PIUW!
DAMNED ! IL EST PASSÉ À L'ENNEMI !!

TCHEU
A HONTE
PAPA EST AU CHÔMAGE DEPUIS LUNDI PASSÉ...
...À CAUSE D'UNE COMPRESSION PERSONNELLE, ET AUSSI PARCE QU'ILS ONT SUPPRIMÉ LA POSTE, JE CROIS...
IL A DIT QU'IL ALLAIT EN PROFITER POUR S'OCCUPER UN PEU PLUS DE MOI...
...ET MAINTENANT, IL M'AMÈNE TOUS LES JOURS À L'ÉCOLE...
BONJOUR NADIA
SALUT TITEUF !
PFRT.
...JUSQUE DANS LE PRÉAU...
VOILÀ ! JE TE LAISSE AVEC TES PETITS COPAINS.
JE N'ÉCHAPPE À RIEN...
À CE SOIR, MON CHÉRI.
SMOUTCH
JE REVIENDRAI TE CHERCHER À CINQ HEURES, TITOUNET...
...HORRIBLE !
monsieur le patron s'il vous plait reprenez mon papa. Il est gentil et en prime je vous donne ma collec de soldats en plomb

PAPA
BEN MOI, MON PÈRE IL A TROUVÉ DU BOULOT.
IL EST TECHNICIEN DE SURFACE !
AH OUAIS ?
C'EST QUOI ?
C'EST UN PEU COMME ARCHITEC', J'CROIS... MAIS SUR UNE GRANDE SURFACE...
PFRT !! TU PARLES !!
"TECHNICIEN DE SURFACE", C'EST BALAYEUR !!
C'EST PÔ VRAI !
PIS AU MOINS, MON PÈRE IL TRAVAILLE !!... C'EST PÔ COMME D'AUTRES !!!
C'EST PÔ VRAI !! MON PÈRE IL A DU BOULOT !!
IL A ÉTÉ... ENGAGÉ... COMME... EUH... COMME PILOTE D'AVION...
WAAAAH LA CONNERIE !!
D'ABORD !!
C'EST PÔ DES CONNERIES !!! MÊME QUE, AUJOURD'HUI, IL ALLAIT À NEW YORK ET...
TITEUF !
J'AI TROUVÉ UN PETIT JOB TEMPORAIRE POUR DEUX SEMAINES...
C'EST DÉJÀ ÇA...
POUT
VROP
JE T'EMMÈNERAI FAIRE UN TOUR... BON, J'Y VAIS, J'AI ENCORE TOUT LE BOULEVARD À DÉCROTTER...
À CE SOIR !
PUT
VROUP
WAF !! L'AVION POUR NEW YORK A ÉTÉ DÉTOURNÉ !!
OUAFOUAF !
NAN !! J'OUVRIRAI PÔ !! JE VOUS DÉTESTE !! ET QUAND J'SERAI GRAND, JE FUMERAI DE LA DROGUE !!!!!!
VOILÀ !
Z.

AFTER-SHAVE
PRFF
RRIP
RRIP
FLSH
FSHL
SMOUTCH
HEBDO
SMMMOUTTCHH
C'EST PÔ JUSTE !
QUAND C'EST MOI, ON REMARQUE JAMAIS RIEN !!!

LE GROS ENFLÉ
HÉ ! T'AS VU LE MEC ?
WAAAH.
LUI, IL DOIT POUVOIR SOULEVER UN CAMION...
EN TOUT CAS.
PFFTT TU PARLES...
TOUT ÇA, C'EST RIEN QUE DE LA GONFLETTE
DE LA GONFLETTE ?
BEN OUAIS... LES MECS, ILS PRENNENT DES TRUCS POUR ENFLER... MAIS C'EST DU BIDON.
COMMENT TU L'SAIS ?
C'EST MON PÈRE QUI M'A DIT... TOUT ÇA, C'EST RIEN QUE DU GAZ !
DINGUE.
ALORS, I' PEUT PÉTER DES BICEPS ?
'TAIN LE MEC ! Y'A TOUTES LES NANAS QUI DOIVENT AVOIR LE FEU AU CUL...
OUAIS BEN, ELLES ONT PÔ TROP INTÉRÊT... AUTREMENT IL LEUR EXPLOSE À LA GUEULE !

LA DERNIÈRE GOUTTE EST TOUJOURS POUR LE PANTALON.
FSLS.
FSSLS
FSSS
FSSSS
ZIP
SCHPLAFF
BEN..?! QU'EST-CE QUE T'AS ?!
UNE ARAIGNÉE DANS LE PLAFOND!!!
SQUIK
SQUIK
SQUIK

L'EXCURSION EN CAR

Cui-cui
Class
DIS PÉPÉ...
QUOI ?
QUAND C'EST QUE J'AURAI UNE PETITE SOEUR ?
HEU...
AH ? EH BIEN TU VOIS... HEUUU...
HA HAAA
HÉ ! HÉ !
OUI...
IL FAUT QUE TA MAMAN REÇOIVE LA GRAINE...
TU VOIS ?
OUI.
ET POUR ÇA, IL FAUT QUE LE PETIT OISEAU LA LUI APPORTE...
LE PETIT OISEAU !?
COMMENT ?! QUEL PETIT OISEAU ?.. JE CROYAIS QUE C'ÉTAIT PAPA ?!
AH... C'EST-À-DIRE QUE C'EST LE PETIT OISEAU DE PAPA
VOILÀ...
HEM.
HÉ HÉ
ET ALORS... QU'EST-CE QU'IL ATTEND, L'OISEAU ?
BEN... IL SE REPOSE... IL RESTE AU CHAUD...
HEUM
IL RESTE DANS SON NID ?
VOILÀ. C'EST ÇA.
DIS DONC, TON OISEAU, IL VA CONTINUER LONGTEMPS À COUVER SES OEUFS ?!

TERREUR SUR LA VILLE
DEBOUT TITEUF, C'EST L'HEURE ...
AAAAAH!
HABILLE-TOI, TU VAS ÊTRE EN RETARD ...
AAAAAAAA
AU SECOURS! J'AI P'US DE TÊTE !!
TU N'ES PAS BIEN REVEILLÉ, TOI ?.. ALLEZ, VA TE METTRE À TABLE.
?
BAAARK! Y'A PLEIN DE SANG !
VALOTT
AAAAARGH! PAPA A LA RAGE !!
?
Y'A.. Y'A UN BRUIT BIZARRE DANS L'ESCALIER..
T'AS REGARDÉ LE FILM D'HORREUR HIER SOIR ?
LE.... ? PFFFF C'ÉTAIT NUL.
ZEP & VALOTT

LE RIVAL
AHAA... IL NE RESTE QUE LA PLUS BELLE !
HI HI ! NOOON !
OUPS ! RATÉ... ELLE EST AGILE !
HI ! HI !
NON MAIS IL SE GÊNE PÔ, LUI ! S'IL VEUT QU'ON SORTE Y'A QU'À DIRE !!
QU'EST-CE QU'ELLE LUI TROUVE À CE VIEUX GAGA DÉBILE ?!
T'AS QU'À FAIRE COMME LUI.
TU CROIS ?
HÉ HÉ POUM - TOUCHÉE
HI HI
BEN OUAIS ÇA PLAIT AUX FILLES.
ALLEZ HOP ! TOUT LE MONDE DEBOUT ! ON RECOMMENCE UNE PARTIE...
HÉ ! HÉ ! ATTENTION NADIA !!
KLIK
HÉ ! HÉ !
BUNT
WAOO
TITEUF ! SUR LE BANC !
HÉ ? BEN... ?
IL CHERCHE À M'ÉLOIGNER, C'EST SÛR.

LE SOUPER CHEZ MADAME BLONDIN
JE VOUS AI FAIT MA SPÉCIALITÉ.
AAAAAH !
HONNEUR À TITEUF, PUISQU'IL NE L'A JAMAIS GOÛTÉE.
C'EST ÇA, VOTRE FAMEUX "BOURRE-COCHON" ?
M.MAIS VOYONS, TITEUF... QU'EST-CE QUE TU RACONTES ?? C'EST UN PLAT DÉLICIEUX... TU VAS TE BOUR.. EUH RÉGALER ..HH..
MAIS... C'EST VOUS QUI PARLEZ TOUJOURS DU FAMEUX BOURRE-COCHON DE MADAME BLONDIN !
EH BIEN, JE SUPPOSE QUE VOUS N'EN VOULEZ PAS !?
SI ! SI !
BIEN SÛR !
OUAIS !! MOI J'VEUX GOÛTER LE BOURRE-COCHON !
HEM... NOUS ALLONS PEUT-ÊTRE RENTRER ...
HEM.
OUI... TITEUF EST UN PEU FATIGUÉ... VOILÀ VOILÀ
PÔ DU TOUT ! J'VEUX GOÛTER LE BOURRE-COCHON !
SLAM
"DU BOURRE-COCHON" !!
LA HONTE !
EN TOUT CAS, LÀ... ELLE NE NOUS INVITERA PLUS JAMAIS !
?
PLUS JAMAIS ! C'EST SÛR !
21
?
SI VOUS NOUS INVITEZ P'US JAMAIS, VOUS NOUS DONNEREZ LA RECETTE DU BOURRE-COCHON !?
Z.

LE TRUC GÉNIAL
HÉ MANU ! J'AI TROUVÉ UN TRUC GÉNIAL !
POIL le dirlo
ATTENDS ... TU VAS VOIR ... JE T'EXPLIQUE APRÈS ... SNURFLLL AAAA ... AAAAA ...
?
TCHAA
WAAARRK ! T'ES CON !! C'EST VRAIMENT DÉGUEULASSE !
SNRRFLL
C'EST DÉGUEULASSE, MAIS REFLÉCHIS ! SI T'AS LE RHUME, T'ES DISPENSÉ DE PISCINE !
OUAIS ... PAS CON SNURFLL
HÉ HUGO VIENS VOIR !
J'AI TROUVÉ UN TRUC ... REGARDE ...
MHH
MHHRRFFLL
AA
A
?
TCHRAA
SNFLL
HEU.
HÉ TITEUF ! IL PARAIT QUE T'AS TROUVÉ UN TRUC POUR ÊTRE DISPENSÉ DE PISCINE ...
Z.

LA COLO
J'VEUX PÔ Y ALLER!
ALLONS.. TITEUF..
CHOCOLAT CROT
TU VERRAS ...TU TE FERAS PLEIN DE COPAINS
J'VEUX PÔ!
ÇA SUFFIT MAINTENANT, TITEUF!
WAOOON J'VEUX PÔ!
'M'EN FOUS J'M'ANGERAI RIEN PIS APRÈS J'SERAI MORT, NA. GRRM
BONJOUR..., UN RÉCALCITRANT, HEIN?
OU..OUI
SALUT ... TU VIENS D'ARRIVER?
MOI C'EST CAROLINE.
HEU... TOUT EST ARRANGÉ, TITEUF. ON TE LAISSE AVEC LES MONITEURS..
OUI.. OUI..
ON VIENT TE CHERCHER SAMEDI... SIX JOURS ÇA PASSE VITE TU VERRAS.
OUI.. OUI..
SOIS SAGE.... AMUSE-TOI BIEN.
SMUICH
OUI OUI..
TÉLÉPHONE SI QUELQUE CHOSE NE VA PAS.. MANGE BIEN! À SAMEDI!!
C'EST ÇA..
VROUM
JE SAIS PÔ SI ÇA TE FAIT ÇA, MAIS CHAQUE FOIS QUE JE LAISSE MES PARENTS SEULS, ILS ONT UNE DE CES PEINES À S'ARRACHER ....

LA COLO 2
MENU DU SOIR : SPAGHETTI BOLOGNESE.
OUAAAAAAiiiis
T'AS PAS UN TRUC, LÀ... DANS TON ASSIETTE ?
NON.
SI, REGARDE.
OUAF ! OUAF !
PROTZ
T'ES VRAIMENT UN PÔV'CONNARD DU ZIZI SEXUEL !!!
OUAF
T'ES UN SALAUD ! Y'A DES P'TITS NOIRS QUI MEURENT DE FAIM !!
LES P'TITS NOIRS, Y Z'AVAIENT QU'À VENIR À LA COLO !
AH OUAIS ? BEN TIENS... UNE CUILLÈRE POUR LES P'TITS NOIRS !
SPLASH
ON SE CALME ! ON SE CALME !
J'VAIS LE TUER
PRIVÉS DE DESSERT ! SI VOUS VOULEZ VOUS BATTRE, C'EST DEHORS !
ON S'EN FOUT ! ON N'A P'US FAIM !
BIEN DIT.
MOI C'EST JÉRÔME... ET TOI ?
Z.

LA COLO 3
ALORS... TU L'AS INVITÉE ?
PÔ ENCORE ...
ÇA VA MARCHER... J'AI PRIS ÇA POUR TOI.
C'EST QUOI ?
DU PARFUM. LES FILLES ADORENT ÇA.
PCHT
TU L'AS PRIS OÙ, TON PARFUM... ? IL PUE LES CHIOTTES !
BEN... AUX CHIOTTES ...
BON... TU Y VAS ?
J'OSE PÔ..
J'VAIS LUI DEMANDER.
ARRÊTE, JÉRÔME ! T'ES CON !
JE VOUS LAISSE ...
KOF
HEU
HEM.. C'EST QUE...
'L EST CON, LUI
JE...
J'Y SUIS !
J'Y SUIS !
J'Y SUIS !
'FAUT QUE JE TROUVE UN TRUC À LUI DIRE...
HEU
DU TANSES BLIEN.
C'EST NUL C'EST NUL !
GRMBL.. QU'EST-CE QU'ILS DISENT DANS LES FILMS ?
"VOUS VENEZ SOUVENT ICI ?"... BÔF.
"T'ES BIEN ROULÉE" NON.
"VOULEZ-VOUS M'ÉPOUSER ?" NON.
"T'AS UN CUL D'ENFER" NON
"TU SENS LA ROSE" BOH ...
UN TRUC QUI MET À L'AISE...
T'INQUIÈTE PÔ... JE PRENDS MES PRÉCAUTIONS.
BEN... ALORS ?
POUËT

LA COLO 4
POSTE 5 : AU PIED DU VIEUX CHÊNE, VOUS TROUVEREZ L'ÉPÉE EXCALIBUR...
PFFT
OOUAAAAiiiS
EH BIEN TITEUF... QU'EST-CE QUI NE VA PAS ?
IL VOULAIT ÊTRE DANS LE GROUPE B
C'EST VRAI ?
HOLA HOLA
PARCE QU'IL EST AMOUREUX DE CAROLINE !
FAIS GAFFE À TA GUEULE !
J'AI TROUVÉ L'ÉPÉE
MAINTENANT, ON PEUT RENTRER VICTORIEUX... EN AVANT !
'TOUTES FAÇONS, ELLE EST TROP VIEILLE POUR TOI... ELLE A BIENTÔT 11 ANS..
ÇA VEUT RIEN DIRE !
IL PARAIT MÊME QU'ELLE A DÉJÀ PERDU SON PUCELAGE.
C'EST DES CONNERIES !!
ARR
ON Y EST !! GOÛTER POUR TOUS !
QU'EST-CE QUE ÇA PEUT LUI FAIRE QU'ELLE AIT PERDU SON PELAGE ?
YOUPiiiiiii
ARRIVÉE
B
C
BEN NOUS, ON A TROUVÉ TOUS LES POSTES...
CHOMP
VOUS AVEZ PÔ RETROUVÉ TON PUCELAGE, DES FOIS..?
QU'EST-CE QUE T'AS ENCORE DIT ?
MAIS RIEN !

LA COLO 5
NOUS ALLONS FAIRE DES BOUGIES ARTISANALES.
OUAAAIIS
VOUS PRENEZ UN POT DE YAOURT VIDE SUR LA TABLE...
GÉNIAL !! JE VAIS L'OFFRIR À MES PARENTS !!
MOI, ILS EN ONT DÉJÀ SEPT.
... VOUS PASSEZ LA PETITE FICELLE PAR LE TROU, AU FOND DU GOBELET...
COMME ÇA ?
COMME ÇA ?
WAOON
COMME ÇA ?
PAR OÙ ?
ATTENDS JE TE LE FAIS.
GRÉGOIRE VA VERSER DE LA CIRE DANS VOS POTS.
CHAUD DEVANT !
GÉNIAAAAL
HÉ ! UNE MOUCHE !
CASSE-TOI !
BZZZ
QU'ELLE EST CON !! GRMBOURN
FAIS GAFFE, C'EST ...
BZZZ
BZZ
AAYY
...CHAUD.
MA BOUGIE !!
AÏE !
BUÊÊK !! C'EST PLEIN D'
DEUXIÈME COUCHE !
HÉÉÉ.. C'EST TRÈS JOLI, TITEUF.. QU'EST-CE QUE C'EST... ?
UNE BOUGIE AUX FOURMIS.

A COUSINE BETTY
SALUT PAUL, ÇA VA ?
ET LA PETITE ?
ÇA VA.. ÇA VA
'LUT TONTON.
ALORS BETTY... C'EST POUR BIENTÔT ?
OUI.
TU TE RÉJOUIS D'AVOIR UN PETIT COUSIN, TITEUF ?
?
HEIN ?! MAIS C'EST PÔ POSSIBLE ! ELLE A MÊME PÔ DE MARI !
HEU... TU SAIS, TITEUF, C'EST AUSSI POSSIBLE D'AVOIR UN BÉBÉ SANS ÊTRE MARIÉE...
AH OUAIS ?
MAIS AVANT, ELLE ALLAIT TOUT LE TEMPS DANS LES BUISSONS AVEC LE FRÈRE À HUGO.. ALORS POURQUOI ILS SE SONT PÔ MARIÉS ?
WAOUUU
BEN QUOI ?
C'EST VRAI.
TU ES CONTENT ?! VA T'EXCUSER, MAINTENANT.
BOUHOU HOUHO
MAIS...
HEU... 'SCUSE-MOI, BETTY.
BOUH
OUH
Patrick
J'AI BIEN COMPRIS QUE PEDRO, IL T'AVAIT QUITTÉE PARCE QUE T'ES DEVENUE OBÈSE...
... CHUIS PÔ NUL.
Patr
WAAOOOOOOIN
PFF... QUELLE CHIALEUSE, CELLE-LÀ.

LA MÉGAHONTE

OUTLAW
LE DERNIER MARIE-CLAIRE, S'IL VOUS PLAÎT ...
TABACS
MARIE-CLAIRE?? IL DOIT EN RESTER DERRIÈRE...
CARAMBAR
VOILÀ, MON GARÇON...
M. MERCI
GRAVO...QUE
TITEUF!! ON PASSE À TABLE ...
POLICE PERQUISITION
QU'EST-CE QUE TU AS? TU NE MANGES RIEN?
WANTED
TITEUF VOLEUR DE CARAMBAR MORT OU VIF
TU CROIS QUE JE NE TE VOIS PAS? PETIT VOLEUR!!!
J'M'EN FOUS!! PLUS TARD, J'SERAI AL CAPONE D'ABORD!!!

TOUT FOUT L'CAMP
BONNE NUIT TITEUF... IL FAUT DORMIR MAINTENANT.
J'VEUX PÔ !!
AH... IL FAUT ÊTRE BIEN SAGE, AUTREMENT, C'EST LE LOUP QUI VA VENIR.
LE LOUP?!!
QUEL LOUP?!!
OÙ ÇA!!? J'VEUX LE VOIR!
Y'A UN LOUP ?
ÉCOUTE TITEUF... LE LOUP, IL EST TRÈS MÉCHANT!! S'IL VIENT, C'EST POUR TE MANGER, ALORS...
ÇA M'ÉTONNERAIT!! J'AI MON PISTOLET-LASER.... I' M'FAIT PÔ PEUR MÉMÉ...
IL A DES GRANDES DENTS, DES GROS YEUX, DES GRIFFES ÉNORMES, DES POILS PARTOUT, DES...
TIME 100
PLAYER 1
GIGA!
MONTREZ-LE-MOI!
J'VEUX VOIR LE LOUP!
BON.
ÉCOUTE, TITEUF!! LES LOUPS, ÇA N'EXISTE PLUS!!! MAIS SI TU NE VEUX PAS DORMIR, JE VAIS CHERCHER TA MAÎTRESSE ET ELLE TE FAIT RÉVISER TOUTES TES MATHS!!!
COMPRIS?
BEN... C'EST PÔ MARRANT L'ÉVOLUTION.
2.

LE VÉLO DU COUSIN THIERRY
TIKTIKTIKTIK TIK TIKTIKTIKTIK
TU ME PRÊTERAIS PÔ PLUTÔT TON PETIT TANK À PILES ?
BENG
Z.

LA VISITE À L'HÔPITAL
2 CL-a CARDIOLOGIE
WAOOOU ! 'TIEU, CES COULOIRS !
BONJOUR PAPA... ON EST VENUS TE VOIR AVEC TITEUF ...
DONNE-LUI TON DESSIN
C'EST MEGADEAD WARRIOR LE HÉROS DE KILL JUNIOR !
WAAAH GÉNIAL ! PÉPÉ IL A LE MÊME MASQUE DE PILOTE QUE TOPGUN !
HÉ ! HÉ !
HÉ ! ELLE EST FOUTUE TA TÉLÉ !
WAAAH ! T'AS UNE CONSOLE GÉANTE !
IL FAUT LE LAISSER, MAINTENANT ...
BIEN SÛR ON Y VA, TITEUF.
QUOI ? DÉJÀ ? MAIS ON A PÔ ENCORE VISITÉ LA TOUR DE CONTRÔLE !
QUAND J'SERAI GRAND ET QUE J'AURAI BIEN ÉCONOMISÉ COMME PÉPÉ, MOI AUSSI J'IRAI FAIRE LE COSMONAUTE À L'HÔPITAL.

TONTON CAMÉSCOPE
CHAQUE FOIS QUE TONTON RAYMOND VIENT CHEZ NOUS, C'EST LA MÊME CHOSE...
COUCOU! SOURIEZ POUR LA TÉLÉ!
BZZZZZ
... C'EST PIRE QUE LE KAGÉBÉ... IL ME FOUT PÔ LA PAIX UNE SECONDE.
ALORS.... C'EST BON LES ÉPINARDS?
ZZZ
ET LE SOIR, ON SE RETAPE TOUTE LA JOURNÉE À LA TÉLÉ.
OUAF! LA TÊTE DE TITEUF QUI MANGE SES ÉPINARDS!
LE PIRE, C'EST LES PROMENADES...
NOUS AVANÇONS DANS LE BOULEVARD ST ANDRÉ - AVEC SES PAVÉS-TÉMOINS DU PASSÉ ...
VZZZ
... IL S'Y CROIT COMPLETEMENT..
NOUS SUIVONS TITEUF QUI... EUH... MARCHE EUUH...
VZZZZ
JE LE SUIS SANS ME FATIGUER GRÂCE À MON AUTOFOCUS MEGACAM BX17...
VZZZZ
ICI EN SUPERZOOM...
QUOI?
?!
VZZZ
SATYRE! OBSÉDÉ!
PORNO-GRAPHE!
VZZZ
T'AS REGARDÉ LE WESTERN, HIER SOIR?
NAN, NOUS ON A REGARDÉ "LA VENGEANCE DE LA GROSSE DU BOULEVARD ST ANDRÉ" ET "LES 9 POINTS DE SUTURE" DE TONTON CAMÉSCOPE...
C'ÉTAIT VACHEMENT RIGOLO!
2.

LA MALÉDICTION DES SANDALES À DOIGTS DE PIEDS APPARENTS
MAIS... MAIS ELLES ÉTAIENT PÔ SALES, MES BASKETS !?
TITEUF...
IL FAIT CHAUD... TU SERAS BIEN MIEUX DANS CES SANDALES ...
LA HONTE !!
...JE RASAI LES MURS DÉFIGURÉ DES PIEDS...
DISQUES
JE PASSAI LE PLUS DISCRÈTEMENT POSSIBLE DEVANT LA PORTE DE NADIA...
17
...PLUS QUE QUELQUES MÈTRES ET C'ÉTAIT LE PRÉAU...
GROSSE RIGOLADE
TITEUF
le porteur de sandales à doigts de pieds apparents
PON
...Y'AVAIT P'US QUE DIEU POUR ME TIRER DE LÀ !
UN PETIT MIRACLE... S'IL VOUS PLAÎT...
ECOLE ANDRE FRANÇOIS
GLP
J'M'EN FOUS D'ABORD DE CE QUE VOU ALLEZ DIRE
HÉ! REGARDE JEAN-CLAUDE !
WAF
HA HA
HI HI
IL REVIENT DU DENTISTE !! OUAF !
WAH HA
OUAF LA GUEU
PÔVF' TFYPES!
ÇA DOIT ÊTRE UN RIGOLO, DIEU, POUR FAIRE DES MIRACLES PAREILS...

LA SCIENCE

HÉ! ARRÊTE! C'EST DÉGUEULASSE DE FAIRE ÇA!
QUI C'EST QUI T'A DIT ÇA?
PERSONNE.... TOUT LE MONDE SAIT ÇA. ...
C'EST DÉGUEU DE CRACHER DANS UN RUISSEAU!
TOUT LE MONDE LE SAIT SAUF TOI! JE PARIE QUE TU SAIS MÊME PAS COMMENT ON FAIT LES NUAGES!
SI JE L'SAIS! C'EST DE L'ÉVAPEUR!
OUAIS BEN QUAND LE SOLEIL Y FAIT ÉVAPORER L'EAU, TA BAVE, ELLE S'ÉVAPORE AVEC... ET ELLE MONTE DANS LE NUAGE!
ET APRÈS, QUAND IL PLEUT, IL TE PLEUT TA BAVE DESSUS!
ÊÊÊÊ
HUGO! NAN! ARRÊTE TOUT DE SUITE!
C'EST SALE! TU DOIS PÔ FAIRE ÇA! SINON TU VAS TOUT T'ÉVAPORER!
LÂCHE-MOI OU JE TE COLLE UNE BAFFE..
ALORS C'EST SUR, TITEUF... TU NE VEUX PAS VENIR AVEC MOI?
POUR ME FAIRE PISSER DESSUS PAR HUGO... JAMAIS!
Z.

LES PRÉSIDENTIELLES
ÇA Y'EST LES MECS, J'AI LE DERNIER CLASSEMENT DE NADIA !?!
OUAH
FAIS VOIR
OUAIS
IL EST TOUT FRAIS... ELLE VIENT DE LE FAIRE !
VAS-Y
LIS !
VAS-Y
PREMIÈRE PLACE DANS LE COEUR DE NADIA... EUH.. MARCO !
WAOOU
... DEUXIÈME: PIERRE, TROISIÈME: MOI ! QUAT...
... NEUVIÈME : TITEUF, DIXIÈME : MANU...
ELLE S'EST ARRETÉ LÀ.
C'EST TRUQUÉ !
PFIS MOI ?
C'EST PAS TRUQUÉ : "TITEUF-NEUVIÈME" !
C'EST PÔ POSSIBLE ...
ELLE A DÛ SE TROMPER
J'Y SUIS PAS.
MAIS !? Y'A MÊME FRANÇOIS QU'EST AVANT MOI ! VOUS VOYEZ BIEN QUE C'EST DES CON-NERIES !
ET POURQUOI ?
HÉ ! TU T'ES VU ? ... ET PIS EN PLUS T'AS DES LUNETTES !
ALORS...
BENG
T'ES QU'UN JALOUX !
IL EST TRÈS JUSTE ET PAS DU TOUT TRUQUÉ CE CLASSEMENT !
C'EST TOUT FAUX ! ELLE M'A OUBLIÉ C'EST POUR ÇA !
PÔV' TYPE !
JALOUX ! JALOUX !
IL EST POURRI CE CLASSEMENT.. PIS LA JOURNÉE AUSSI ELLE EST POURRITE
T'AS TON OEIL QUI ENFLE...
MANQUAIT P'US QUE ÇA.
ÇA VA ENCORE ME FAIRE PERDRE DES POINTS AU PROCHAIN CLAS-SEMENT...
Z.

LA DÉCO
VAS-Y !!
IL EST FOUTU !
- HAHA JE VAIS TE NUCLÉARISER
- NON J'AI MON BOUCLIER PROTONIQUE
BRASH
FZZIU FZZIU
FAIS GAFFE, T'AS FAIT UNE TACHE !
AÏE ! LA TAPISSERIE TOUTE NEUVE !
AÏE. AÏE ! C'EST DE PLUS EN PLUS PIRE !!
'FAUT PRENDRE DU PRODUIT... ÇA PART TOUT SEUL.
FROTT
FROTT
NITROGLYCÉRINE... JAVEL... PFFF T'Y CONNAIS QUELQUE CHOSE, TOI ?
"ARACHIDE"... ÇA DOIT ARRACHER LES TACHES, ÇA.
ÇA SE VOIT ENCORE PLUS !
MEEERDE
J'AI UNE IDÉE ! Y'A QU'À COLLER UNE FLEUR DESSUS ! ON Y VERRA RIEN.
GÉNIAL !!
HEU... ASSEZ GROSSE, LA FLEUR... PARCE QUE LA TACHE GRANDIT, J'CROIS...
ALORS ?
C'EST PAS MAL, MAIS...
MAIS... ?
BEN... CETTE FLEUR AU MILIEU DU MUR, ÇA SE REMARQUE VACHEMENT.
TITEEEEEUF
J'T'AVAIS DIT... FALLAIT FAIRE TOUT L'APPART' IL Y AURAIT RIEN VU.
ZEP + VALOTT

LE BON PLAN
ÇA FAIT TROIS FOIS QUE JE L'APPELLE !
MM.
TITEU...?
TITEUF?
CHÉRI ! TITEUF N'EST PAS RENTRÉ ! IL EST PLUS DE SEPT HEURES ! CE N'EST PAS NORMAL !!
BAH... IL A SÛREMENT ENCORE ÉTÉ PUNI.... OU BIEN IL....
DRIIIINN
TÉLÉPHONE.
OUI... ALLÔ ?
ON TIENT VOTRE FILS... 'PRÉVENEZ PAS LA POLICE OU ON LE DÉCOUPE EN MORCEAUX... ON VOUS RAPPELLERA. CLIC
CHÉRIII
J'AI TOUT ARRANGÉ... TU RENTRES CHEZ TOI DANS UNE VINGTAINE DE MINUTES, ET TU VERRAS, ILS T'ENGUEULERONT MÊME PÔ POUR TON ZÉRO EN MATHS.
T'ES SÛR ?

tchô

PRRRRMM
RMM
VROO